O renascimento do fazer nascer

Série | A Deusa | Vol. 1

O renascimento do fazer nascer

O guia para a saúde e o poder da mãe.

Maíra Metelo

No TaboOh

Publicado por No TaboOh

Direitos autorais © 2019 Maíra Metelo
1ª edição 2021

Texto revisado segundo o novo Acordo Ortográfico da Língua Portuguesa por Amanda Faria.

Todos os direitos reservados. Todos os direitos são reservados a Maíra Metelo de acordo com as leis de copyright. Nenhuma parte deste livro pode ser reproduzida ou armazenada em um sistema de recuperação, ou transmitida de qualquer forma ou por qualquer meio eletrônico, mecânico, fotocópia, gravação ou outro sem a permissão expressa por escrito da editora.

Informações para catalogação estão disponíveis na Biblioteca Nacional da Austrália.

ISBN capa comum: 978-0-6452930-6-7
ISBN eBook: 978-0-6452930-5-0

Capa e diagramação: Maíra Metelo usando ilustrações permitidas do Canva Pro.

Contato Editora
e: sayhello@notabooh.com
in: @no.tabooh
w: www.notabooh.com

À todas as mães que gestaram em seus corpos.

Nota importante

Isenção de responsabilidade médica

O leitor não deve utilizar as informações contidas neste livro como substitutas para o conselho de um profissional de saúde licenciado no país onde reside.

Esta publicação se destina a fornecer material útil e informativo sobre os assuntos nela abordados: parto e bem-estar da mãe grávida. Ela é baseada em experiências pessoais e contém as opiniões e ideias da autora. Esta publicação não é baseada em pesquisa científica e é vendida com o entendimento de que a autora e a editora não estão envolvidas na prestação de conselhos médicos, de saúde ou outros conselhos profissionais ao leitor individual.

As informações fornecidas são precisas no momento da publicação tanto quanto é do conhecimento da autora. A autora e a editora se isentam de qualquer responsabilidade com relação a qualquer perda, dano ou prejuízo decorrente direta ou indiretamente do uso deste livro.

Introdução

Trazendo um ser humano ao mundo

Se você está no último trimestre da gestação, você pode estar começando a sentir que o "tempo está acabando" para se preparar para o parto. Não está. Mesmo alguns dias de preparação antes do parto, se usados sabiamente, podem fazer uma enorme diferença na sua experiência e na do bebê.

A gestação permite que a mãe faça outras coisas enquanto nutre seu bebê, como trabalhar, por exemplo. O parto, não. Durante o parto, a mãe deve focar sua atenção para si e para seu bebê. Por isso, neste guia, falarei do parto apenas. Minha intenção é focar esse momento, visto que é onde a mãe tem um papel mais ativo do que durante a gravidez em si.

Eu tive três filhos, e cada parto, assim como cada gravidez, foi muito diferente um do outro. O primeiro foi uma desilusão, o segundo foi lindo e o terceiro, mágica pura. Por que eles foram tão diferentes? Uma simples palavra: preparação. Você consegue adivinhar em qual deles eu me preparei mais? Sim, no terceiro. E qual o seu palpite para em qual dos três eu tive menos acesso à informação? Sim, claro, no primeiro.

Eu acreditava tanto que meu corpo saberia o que fazer na hora, que nem imaginei que tivesse algo a saber e a aprender sobre o parto natural. Eu sabia tudo que eu não queria - cesárea e epidural - e fiquei focada nisso. Grande erro. A verdade é que o nosso corpo feminino, na gravidez, até sabe o que fazer, mas estamos vivendo numa sociedade tão afastada da nossa natureza, da nossa essência feminina, que nós não sabemos o que devemos fazer durante o parto. Diga para mim, quantas mulheres você já ajudou ou viu entrar em trabalho de parto? Quantos bebês você já acompanhou o nascimento? Quantos recém-nascidos você conheceu? Nossa vida civilizada não nos treina para sabermos o que fazer quando ficamos grávidas e muito menos para dar à luz, fazer nascer um bebê.

Eu estou escrevendo este guia porque a minha história ajudou muitas amigas, colegas de trabalho e outras mulheres que estavam próximas a elas. Então, como tantas pessoas me pediram para eu contar minha história e para ser sua doula, eu decidi fazer esse guia. Especializar-me em ser uma doula? Talvez no futuro, quando eu tiver mais controle sobre o meu tempo. Por enquanto, minhas crianças pequenas demandam muito tempo, e eu não posso me comprometer a ficar de plantão para acompanhar o trabalho de parto de outras mães.

Se você que está lendo este livro é a parceria da mãe (marido, namorado, cúmplice, pai, irmã, mãe, amiga, namorada), eu espero que entenda o quanto precisamos venerar e cuidar da nova mamãe.

Se você é a mãe que está lendo este livro, eu espero que, ao final deste guia rápido, você possa sentir e entender o quão importante você é para o seu bebê, o futuro da humanidade e do mundo. Eu também espero que você se sinta preparada para gerenciar imprevistos e problemas de uma forma calma e equilibrada, que te permitirá continuar a se sentir confiante e forte durante o parto e nas primeiras semanas do pós-parto.

Recomendo veementemente que você tenha um caderno de anotações e uma caneta ou lápis que goste de usar. Coloque-os na bolsa e carregue-os a todo lugar. Você também pode usar seu tablet ou seu telefone, a escolha é sua, mas sinto que escrever e desenhar com papel e lápis torna o processo mais real e terapêutico.

Antes que comecemos nos detalhes, eu devo dizer que não sou uma profissional de saúde, uma treinadora de parto hipnótico ou doula formada e, portanto, sou isenta de qualquer responsabilidade quanto a problemas de saúde com você e/ou com o bebê. Tudo que está escrito aqui é baseado na minha experiência pessoal e pesquisa própria em artigos e com pessoas altamente especializadas, incluindo professoras de yoga, acupunturistas, médicas especializadas em saúde feminina, obstetras e outros seres humanos em geral. Pessoas aleatórias, famílias e amigos que eu escutei o que tinham a dizer e que eu achei interessante absorver.

Tudo que você fizer durante a gravidez e na sua vida de mãe deve ser cautelosamente considerado para as circunstâncias e necessidades suas, da sua família e do bebê. Se o pai do bebê estiver presente, também é importante considerar as necessidades dele. Suas condições são únicas a você, então **sempre consulte seu profissional de saúde antes de implementar qualquer dica na sua gravidez**. Seja essa dica minha ou de quem quer que seja.

Um pequeno exemplo é a respiração. Você nunca deve segurar sua respiração se tiver certas condições médicas. Então, quando estiver estudando técnicas de respiração na internet, por exemplo, e se deparar com alguém dizendo para você segurar sua respiração por alguns segundos, você deve consultar seu profissional de saúde antes de começar.

Deixarei definições de palavras para você pesquisar. Meu propósito não é que este guia se torne um livro de respostas, repleto de referências acadêmicas e especializadas. Meu plano secreto é que você termine a leitura deste guia repleta de perguntas e, assim, você se forçará a fazer sua própria pesquisa em outras fontes confiáveis. E isso é ouro para mim. Quero colocar aquele pingo de curiosidade e espírito investigativo na sua mágica pessoa grávida e encorajar sua curiosidade e pesquisa. Conhecimento é poder, mas poder não é controle. Então, liberte-se de ter que saber tudo. Ao invés disso, atenha-se a perguntar e questionar o que lhe é dito.

Agora, pronta para começar?

PREPARAÇÃO

Eu separo a preparação para o parto em quatro áreas distintas. Quando temos de lidar com muitas frentes de informação e ação, acho mais palpável compartimentalizar. Pela minha própria experiência, resolver cada uma dessas áreas separadamente pode ajudar a concretizar o progresso, e só então conectá-las para finalmente entender o parto, a mãe, o bebê e a família como um todo. As áreas de preparação para o parto são:

1. **Vida**
2. **Corpo**
3. **Mente**
4. **Espírito**

Lembro que o propósito base do preparo nessas áreas é o conhecimento dos limites pessoais, familiares e fisiológicos de cada uma, a partir da observação circunstancial, emocional e da absorção de informações confiáveis da medicina atual. A partir dessa premissa, a mãe tem condições de tomar decisões educadas e poderosas sobre seu corpo durante a gravidez e o parto.

Tomar a decisão de ter um filho é crucial. É decidir, para sempre, ter seu coração a andar por aí, fora do seu corpo.

Elizabeth Stone
escritora

Notas, planos, contatos, desenhos e pensamentos:

VIDA
parte um

VIDA

Essa é a área mais palpável e, por isso, a mais fácil e a que a maioria das pessoas foca. É sobre organizar os documentos, o hospital, o médico e/ou doula, quem vai ficar com as crianças mais velhas, comida para as primeiras semanas pós-parto, chá de bebê, lavar todas as roupinhas, arrumar a casa, organizar as finanças, comprar o carrinho, mamadeiras, bebê canguru, decidir se vai fazer circuncisão do bebê menino ou não, escolher o pediatra, limpeza e organização da casa, se vai amamentar, dar mamadeira ou os dois, o plano de parto, se gostaria de fazer cesárea ou parto natural, negociar as licenças maternidade e paternidade, férias, creche, babá, avós e por aí vai. A lista nunca termina. Nunca.

Apesar de todas essas coisas serem muito importantes, elas não te preparam para o parto. Elas te preparam para as primeiras semanas e talvez meses depois de se ter o bebê, reduzindo a carga mental das tarefas mundanas com as quais você realmente não quer se preocupar tendo um bebê tão pequeno em casa. Mas nada disso te prepara em nada para o parto. Nem mesmo o plano de parto.

Visto que você provavelmente irá ou já começou a pensar nisso tudo e em muito mais, eu irei focar em uma única coisa: o seu bem-estar. Nessa lista de tarefas, a única coisa que a maioria das grávidas tende a esquecer é a si mesma. Especialmente com o primeiro bebê.

Nós fomos doutrinadas a ter a certeza de que nosso bebê é tudo que devemos focar. Somos completamente ignorantes em saber o quanto as demandas que o bebê irá impor a nós nos desgastam física e emocionalmente. Ainda assim, depois de resolver essa lista de afazeres, temos a ilusão de que temos o controle de tudo. É um grande engano. A nossa sociedade e – fale a verdade - nós mesmos, antes do primeiro bebê, ainda julgamos negativamente os pais que deixam seu filho de dois anos ver televisão ou comer chocolate numa quarta-feira, ou um bebê assistindo ao telefone enquanto passeia no carrinho. Temos a covardia de julgar uma mãe que está no telefone enquanto carrega o bebê no colo. Absorvemos a responsabilidade de que eles precisam de nós, que nós temos de estar constantemente a seu serviço e que ninguém cuidará de nossos filhos melhor do que nós. A realidade não é bem assim. Na verdade, precisamos estar bem para poder cuidar deles. A verdade é que, como mãe, haverá uma série de concessões e até, ouso dizer, sacrifícios que você fará. Mas isso não quer dizer que você não tem o direito de cuidar de si mesma.

Ninguém pode saber como você e seu bebê serão afetados mental e fisicamente pela gravidez e pelo parto. Você pode ficar muito decepcionada com seu parceiro, família e amigos por assumirem que você sabe o que está fazendo. Pode se sentir sozinha. Talvez não, mas talvez sim. Você pode ter momentos de agonia e desespero, pode se sentir entediada e sobrecarregada ao mesmo tempo. Você pode se sentir dividida entre o seu amor pelo seu bebê e a necessidade de ter um tempo só para você. Pode se sentir culpada porque foi dito a você que ser mãe é tudo que você precisa ser, que é o que há de mais nobre no mundo, mas em algum lugar em você, há um desejo de ter um dia ou algumas horas sem que precise cuidar de ninguém e apenas fazer aquilo que sente falta de fazer para si. Não se sinta culpada.

Tendemos a julgar que isso só acontece com uma mulher que talvez tenha algum nível de doença mental, como ansiedade, que não seja organizada o suficiente, ou que não tenha controle de sua própria vida. Uma mulher amargurada, fresca, mimada e fraca. Isso é um mito. Isso é um erro. É um estereótipo que está adoecendo a todos nós.

É impossível prever a forma como as demandas e necessidades da gravidez e de um bebê irão impactar a sua vida e a do(a) seu(a) parceiro(a). Por isso é impossível achar que você vai poder controlá-las. Você perceberá isso logo após ficar grávida - vamos falar de falta de energia, enjoo, sonhos esquisitos, brigas com o(a) parceiro(a) - e mesmo que você tenha uma gravidez dos sonhos, cedo ou tarde verá que ter um bebê não é uma tarefa fácil como nos prometem os filmes, seriados, comerciais de sabão em pó, mães do Instagram com suas fotos perfeitas e as extremamente ricas dos reality shows. De muitas coisas você terá que abrir mão, e o **mais difícil** será fazer isso sem se criticar, repudiar, ressentir ou se sentir culpada.

Um exemplo: você vai desejar, mesmo que por uma hora, que você pudesse sair para beber com as amigas. Já grávida, você não pode, então se diz que é passageiro e que logo que o bebê nascer você poderá sair, deixando uma mamadeira. O bebê nasce e você não consegue sair por inúmeros motivos. Você não conseguiu ou não gostou de extrair leite, você não conseguiu sair pela porta mesmo depois de ter se arrumado, você só quer dormir a qualquer oportunidade. Você não sabe que horas marcar com suas amigas porque talvez o bebê durma às 20 horas, mas talvez ele durma só lá pelas 22 horas. Talvez ele durma às 18 horas, porque não tirou sonecas durante o dia, e você também está exausta de tanto choro - do bebê e seu – então, quando você vai ver, sair com as amigas, com seus vestidos que você tanto gostava, já não acontece no primeiro mês, nem no segundo, nem no nono mês. E você quer sair, mas não deu, ainda não dá. Você quer seu emprego de volta, mas ainda não deu. Você quer viajar, mas nem pensar em entrar num avião com o bebê. Você quer colocar o bebê na creche, mas também se sente dividida, e por aí vai. O que você dirá para si sobre você mesma? Vai achar que é uma mãe ruim por querer sair, ou uma péssima amiga por nunca sair? Espero que nenhuma das opções, mas historicamente, a gente sabe, a culpa e o autojulgamento acontecem constantemente. Temos que dar um basta nisso.

Como diz a citação anterior de Elizabeth Stone, ser mãe é ter o seu coração fora de seu próprio corpo sem nada que o proteja. É intenso, é emotivo. Ser mãe é a experiência mais gratificante, inspiradora, transcendental, criativa, elevada e completa que alguém pode ter na vida. Nada nem ninguém pode te dizer como a sua maternidade será, mas você pode, definitivamente, se preparar para reduzir as previsões catastróficas das demandas excessivas, assim como para reduzir as expectativas fantasiosas de um mundo unicórnio.

> Não se subtraia tanto.
>
> *A*ngela *M*ello
> psicóloga familiar e infantil

Então, aqui vai meu primeiro foco no quesito vida: o **seu bem-estar**. Como você cuida de você?

A primeira regra é **saber o que te dá prazer e desprazer**. Quais são as coisas que você gosta de fazer? Vestir-se bem, colocar maquiagem, tomar um longo banho, ler um livro, correr, tirar fotos, trabalhar, cozinhar, dançar, sair para comer, ir a um spa, fazer yoga, ir a um museu, ir a palestras, aulas, ouvir música, meditar, remar, escalar, fazer jardinagem, voluntariar, transar, sair com amigos, resolver um problema de matemática, construir algo? O que quer que seja que te dê prazer, é válido. Não há julgamento aqui. Coloque a data de hoje e liste tudo, coloque no papel, no seu caderno. Tudo. Igualmente importante é escrever tudo que você não gosta de fazer. Por exemplo, duas coisas muito básicas do dia a dia que você pode odiar fazer são lavar louça e colocar o lixo para fora de casa – estão na minha lista.

Se a primeira regra de ouro é descobrir o que te dá prazer e desprazer, a segunda regra de ouro da maternidade é **aceitar seus sentimentos**. Quaisquer sentimentos. Não há classificação de sentimentos bons ou ruins. Entenda quando e como esses afetos aparecem e assegure-se de colocar um plano em ação para lidar com eles e resolvê-los usando empatia e perdão com você mesma.

A terceira regra é **aprender a pedir ajuda.** Se você tem um(a) parceiro(a), inclua-o(a) na criação de uma lista de coisas para serem feitas na casa. Quando alguém for te visitar e perguntar como pode ajudar, você pode pedir para olharem a lista e escolherem um item. Você deve e pode ter uma outra lista mais privada para vocês dois, de coisas muito pessoais, como pagar o cartão de crédito, checar o orçamento, comprar presentes de aniversário e por aí vai. Você não precisa sentir culpa em pedir para alguém dobrar sua roupa quando chegam à sua casa, enquanto tudo que você acha que seus convidados querem é ver o bebê e jogar conversa fora. Você não é a anfitriã de ninguém, as pessoas podem vir à sua casa, mas devem elas mesmas preparar o próprio café e ainda te oferecer uma água.

Irei recapitular as três regras de ouro ao trazer um ser humano a esse planeta no quesito *Vida:*

- **1.1 Saiba o que te dá prazer e o que não dá** – aceite que isso vai mudar conforme as semanas passam.
- **1.2 Aceite seus sentimentos** e aprenda que você irá constantemente aprender a lidar com eles.
- **1.3 Aprenda a pedir ajuda** sem culpa nem estigmas sociais.

O seu coração nunca será livre de novo, o seu tempo não será seu por mais de uma década, mas você ainda é uma mulher. Uma pessoa. Um ser humano. Um indivíduo com suas próprias necessidades e desejos, e assim, você deve também ser nutrida.

Notas, planos, contatos, desenhos e pensamentos:

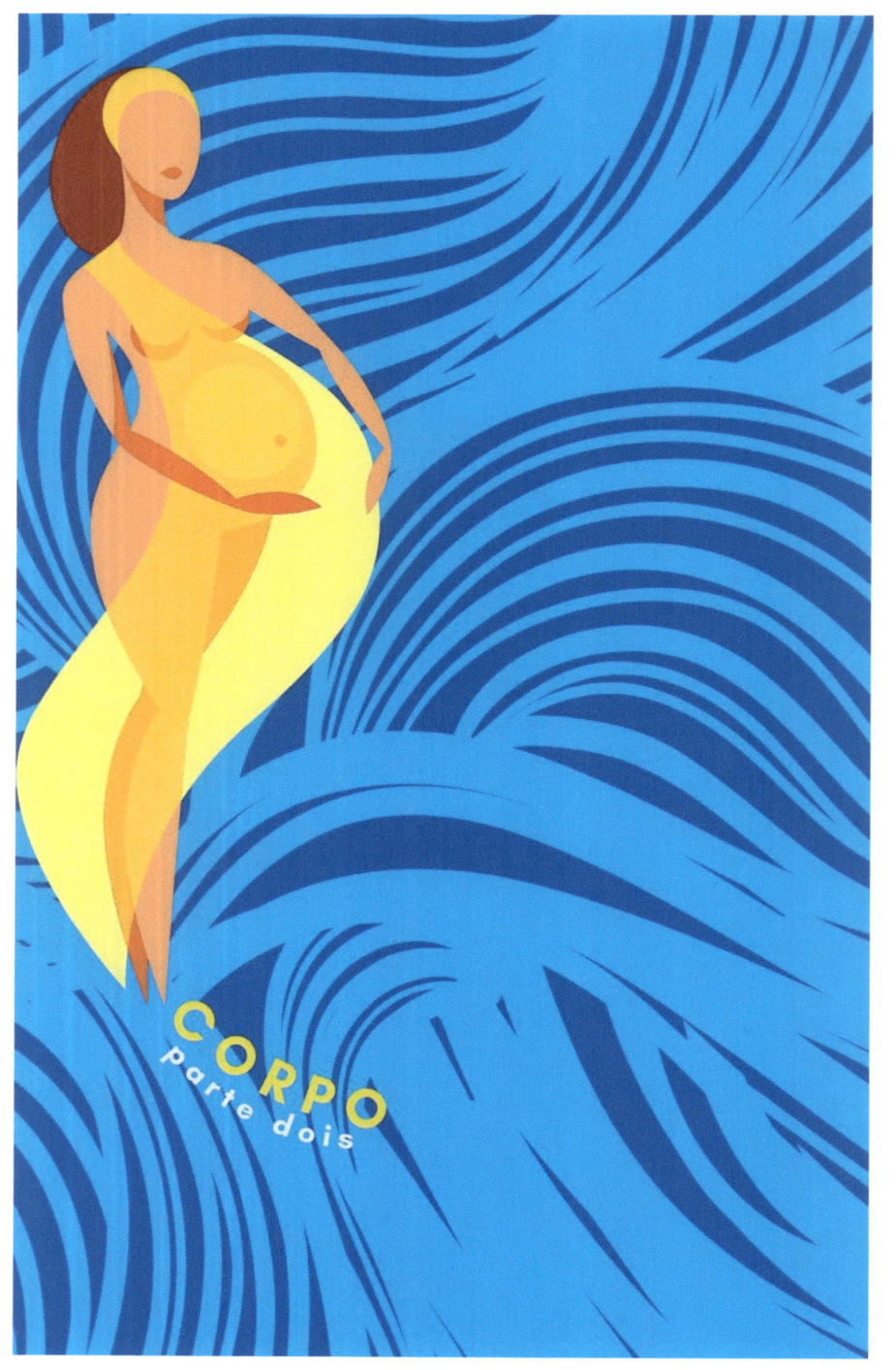

CORPO

É provável que você já tenha recebido uma enxurrada de dicas – de pessoas e da mídia – com promessas do que funciona: de enjoo e câimbras a estrias e exercícios. Imagino também que você já tenha um aplicativo no seu telefone sobre o que acontece com o seu bebê hoje: da comparação do seu tamanho com uma fruta às capacidades neurais.

Tudo isso é válido e empolgante, mas eu irei direto para o que eu acho que algumas mulheres perdem no percurso.

Minha dica é **conhecer o seu corpo.** Não o seu corpo antes da gravidez, mas o seu corpo grávido. O corpo que está constantemente mudando, que está mostrando a você que tudo é temporário e nada realmente tem um fim. Da biologia à filosofia e espiritualidade, esse aprendizado alcança diversos reinos da sabedoria.

Mesmo se não for a sua primeira gravidez, é possível que seja diferente da anterior. É preciso observar seu corpo a cada novo indício de que ele mudou. Se você sempre teve uma afinidade com seu ciclo menstrual e relacionava seu emocional a ele, agora tudo é diferente. Se você não tinha essa sincronia antes de engravidar, talvez se assuste com como o seu corpo vai interferir nos seus afetos, no seu trabalho e nos relacionamentos.

Sugiro ler sobre os hormônios e como atuam nos seus músculos, no seu bem-estar e no seu humor. Leia sobre vitaminas e alimentos, mas lembre-se do quesito *Vida: saber o que te dá prazer*, então coma o que te dá prazer, contanto que seja seguro para a sua saúde e a do bebê.

Você sabe quanto o seu útero cresce e o que esse crescimento faz com os outros órgãos? Assista a vídeos e animações sobre o que acontece com seus órgãos durante a gravidez, de fontes confiáveis.

Se você sente dor nas suas juntas, procure por um fisioterapeuta especialista em gravidez para aliviar sua dor e ensinar de onde ela está vindo. Com isso, ele pode te mostrar as melhores posições para o trabalho de parto que não coloquem pressão nas partes do seu corpo que doem mais. Se dinheiro é um problema, veja o que é possível com amigos. Quem sabe alguém conhece um terapeuta que pode te ver a um preço reduzido, ou até mesmo de graça? Lembre-se da terceira regra da *Vida: aprenda a pedir ajuda.*

Eu sugiro que você faça atividades voltadas ao corpo grávido e que te preparem para trabalhar seus músculos, seus quadris e os movimentos para ajudar o bebê e você durante o parto.

Se você não tem condições financeiras, vá online e procure por vídeos, artigos e desenhos de fontes confiáveis. Fontes confiáveis são fisioterapeutas ou professores de yoga qualificados. Tenha critério elevado quando procurar e receber informações. Discuta com seu profissional de saúde o que é melhor para você. Converse com outras mães que tiveram filhos antes de você. Ouça apenas as boas histórias – falaremos sobre isso mais tarde.

A outra perspectiva que eu gostaria que você olhasse é para a demanda física do parto. Você terá que usar quantidades excessivas de energia e poder mental por mais de 8 horas (uma duração de parto relativamente média). O que digo para todas que vem me procurar é: prepare-se como se fosse para uma maratona, porque seu corpo vai exigir muito de você.

Como sempre, esteja consciente de sua própria condição de saúde e peso. Discuta a melhor tática com seu profissional de saúde. Que tipo de comida comer durante a semana anterior, por exemplo. Converse com seu círculo imediato (no trabalho e em casa) sobre como eles podem te ajudar. Você precisa de uma soneca no meio da tarde? Vai te deixar mais descansada? Então peça que eles te ajudem a alcançar isso. Você pode pedir por um horário flexível de trabalho, ou trabalhar de casa, por exemplo. No meu caso, eu pensei: se um maratonista precisa de todo esse treinamento para uma corrida de quatro horas, o que eu preciso para manter minhas energia e força muscular durante o tempo que o parto requer? Tempo esse que é incerto. Pode ser curto como duas horas, ou longo como trinta e seis ou mais.

É importantíssimo ler sobre violência obstétrica. Esse tema é muito debatido, pois divide a opinião de muitas pessoas, inclusive sobre a prática de diversos procedimentos. Estude, converse com seu profissional de saúde sobre suas dúvidas para tomar uma decisão. Se você se sentir invadida, ignorada, abusada, tocada de forma inapropriada, deve procurar outro profissional. Infelizmente, ainda há muitos abusos – verbais e físicos – que acontecem durante o parto. Faz parte do papel do seu acompanhante pegar essa luta por você, caso aconteça algo. Expressar-se e estar num lugar acalentador é tão importante para a sua paz a posteriori do parto quanto durante o parto.

A última coisa que eu peço a você para estudar em relação ao corpo é **entender o que é a dor**. Eu irei elaborar no próximo tópico, mas na categoria corpo, você deveria aprender a identificar quando, como e onde seu corpo está sentindo dor. E se você conseguir saber o porquê da dor, de onde ela está vindo e irradiando, melhor ainda.

Notas, planos, contatos, desenhos e pensamentos:

MENTE

Se eu tivesse que classificar qual das quatro categorias é a mais importante, eu definitivamente diria que preparar a mente é essencial. Eu desejo e peço que todas as mulheres se sintam confortáveis em aprender sobre sua própria mente. Tendo experimentado três partos completamente diferentes, pude perceber como nossos pensamentos e estado mental alteram nosso corpo nesse momento. E eu garanto que é possível treinar a mente e modificar como nosso corpo funciona.

Ser capaz de controlar nossa própria mente durante o parto é fundamental para uma boa experiência. Se você dominar isso, sua vida – não só o parto – mudará para sempre.

Eu vou te dar três estágios para preparar a mente:

3.1 Entender seus pensamentos, emoções e medos;
3.2 Desconstruir todas as marcas negativas, os paradigmas e expectativas não realistas;
3.3 Construir uma nova forma de pensar e novos conceitos. Uma mente livre e empoderada;

Independente do momento que você está da gravidez, você pode trabalhar nesses três estágios. É importante entender que você irá começar esse processo de Entender>Desconstruir>Construir a cada novo pensamento, emoção que te perturba ou na realização de um novo paradigma que deve ser mudado para a sua própria saúde mental.

3.1   Entendendo seus pensamentos

Se você acabou de descobrir que está grávida, provavelmente está focando nas atividades de organização mencionadas na primeira parte deste guia. Mesmo para a mãe mais organizada do mundo, saber que está grávida faz a mente vagar para tudo quanto é lugar. Desde calcular a data esperada do nascimento até como contar a notícia à sua família. No contexto da gravidez, esse é o momento mais agitado da sua mente. Em algum momento desse início, é provável que seus pensamentos comecem a apontar seus medos, seu relacionamento com seu(a) parceiro(a) pode mudar, emoções da sua infância podem ressurgir com força total e você pode começar um processo de descoberta de seus próprios pais. Independentemente de como sua mente pensa, é muito provável que será desordenado e emotivo.

O meio da gravidez é normalmente uma etapa muito peculiar. Muitas mulheres se sentem bem em começar a sentir os movimentos dentro de si, e há um certo conforto emocional nessa fase, onde – se tudo estiver bem com o bebê – a mente da mãe está plena, sabendo lidar com os altos e baixos.

O final da gravidez pode chegar num rompante, tanto quanto saber que está gerando uma vida. A expectativa e os medos podem reaparecer com força total e tirar a mãe do centro equilibrado em que se encontrava. A sua mente agora pode voltar a estar desorganizada, solta e talvez até com pensamentos que te deixem em pânico. O oposto também acontece, jogando o pêndulo para uma coragem e euforia que podem tornar-se perigosas, já que podem "cegar" a gestante de sua intuição ou de ouvir alguma recomendação necessária. Quem nunca ouviu que a felicidade pode ser inebriante? A euforia é uma felicidade exacerbada, é bom prestar atenção.

Isso é normal, no entanto, pode ser muito angustiante, já que você vai ter muitas frentes para atuar, mas provavelmente não poderá resolver todas. É importante achar um jeito de aceitar essa mente agitada e sentimentos de forma que possa achar caminhos para ficar calma durante esse turbulento período dentro de você. Não lute com seus pensamentos. Pode confiar em mim.

Uma boa técnica para usar nesse caso é simplesmente *observar* seus pensamentos. O que você diz a si mesma, quais são suas preocupações, o que previne você de tomar decisões rápidas? Você pode ser específica e pensar, por exemplo, no que te faz ficar na dúvida quando você está numa loja de bebê ou no supermercado.

Pensamentos angustiantes geralmente aparecem sem pedir licença e às vezes passam despercebidos, porque não há uma resposta imediata para eles. Um dia, no entanto, eles irão ressurgir com tudo num ataque de raiva, tristeza, ansiedade ou depressão. Aqui vão alguns exemplos de pensamentos quase torturantes, se você não lidar com eles:

E se minha vagina esticar e meu parceiro(a) não quiser mais transar comigo?

Não consigo mais parar de comer chocolate! Qual o meu problema? Eu pareço uma pessoa viciada. Para com isso, mulher!

Talvez eu devesse comprar roupas rosas para o meu menino. Seria um bom exemplo de quebrar esses estereótipos de gênero, certo? Talvez essa seja uma oportunidade para que eu mude o mundo, mesmo que um pouquinho. Pode ser uma boa influência no círculo de mães. Mas e se isso causar problemas, e se outros pais e mães começarem a chamá-lo de menina? Será que isso vai dar problema? E que problema?

Eu estou muito gorda, olha meu braço. Isso não é gravidez, eu que sou descontrolada com a comida.

Não consigo suportar essas mães com frutas cortadinhas no parque. Onde elas arrumam tempo para cortar frutas? Uma banana inteira não serve?

Como fazer essas estrias sumirem? Eu devia ter ouvido o conselho de usar óleo na barriga.

Meu parceiro(a) não está nem um pouco interessado no parto. Que injusto, eu sou obrigada a passar por isso, e ele(a) se preocupando com frivolidades.

Eu achei que teria aquele brilho da gravidez, mas eu me sinto exausta e horrível.

E se o bebê não sair? E se ele ficar preso? Isso é possível?

Como eu sei que estou em trabalho de parto?

Quem vai cuidar da minha outra criança? Ele(a) pode me ver em trabalho de parto?

E se eu fizer cocô durante o parto? Que vergonha! Meu parceiro(a) não pode ver isso!

A lista é enorme e eu ousaria dizer que é infinita. A popularização das mídias sociais serviu para deixar a maternidade menos isolada, basta procurar e ver que suas dúvidas são muito comuns. Apesar disso, as perguntas são muito pessoais e as respostas são únicas. Suas aflições, medos e desejos se referem a você e à sua história de vida, às circunstâncias atuais e às suas perspectivas e expectativas de futuro.

Todas nós passamos por momentos de dúvida sobre nós mesmas, e eu acredito veementemente que entender como lidar com esses pensamentos e sentimentos é o caminho para uma vida centrada, equilibrada e empoderada. O parto é um momento na nossa vida, e pensamentos que nos colocam medo e dúvida podem ser controlados com um pouco de treino.

3.1.2 Entendendo Seus Pensamentos: ferramentas para uma mente forte e saudável durante o parto.

Uma ferramenta muito poderosa, apesar de conflituosa e até chocante, é expressar todos esses sentimentos e pensamentos. Essa etapa deve ser feita com você e para você apenas, não é preciso dividir com ninguém. Você pode escrever uma lista, desenhar, cantar, dançar, ou fazer da forma como preferir. Tente se expressar de uma forma diferente do jeito que você vem lidando e conversando com seus pensamentos: sem confronto. Lide com eles de uma maneira carinhosa, assim como você está protegendo seu bebê na sua barriga. Olhe para seus sentimentos com compaixão, cuide deles como se fossem a criança dentro de você. Esse processo vai amenizar a sua angústia.

Dependendo de como essa caixa de sentimentos vai interferir no seu humor, tire um tempo no dia ou na semana seguinte para refletir e discutir com alguém o que você descobriu sobre você e seus pensamentos ao fazer esse exercício. O ideal seria discutir com um(a) psicólogo(a) ou psicanalista, pela imparcialidade e especialidade que oferecem, mas se as suas finanças estão limitadas e o seu plano de saúde não paga sessões de análise, você pode conversar com alguém que queira o seu melhor. Essa pessoa tem que estar pronta para aceitar e abraçar seus sentimentos com carinho. Converse sobre seus sentimentos com qualquer pessoa que te promova um **espaço seguro e livre de julgamentos.** Preciso dizer, no entanto, que não é o momento para exigir resolver todos os problemas limitantes e amedrontadores da sua vida. É o momento de *entender* seus sentimentos. Você não precisa dividi-los com ninguém, se assim o escolher, você só precisa saber quais pensamentos são esses que te impedem de ser relaxada e livre.

3.2 Desconstruindo seus paradigmas

Agora, chegamos na parte do **desconstruir** seus paradigmas, entender seus medos e organizar seus pensamentos. É muito importante saber que isso é um processo contínuo na sua vida, pois seus pensamentos, sentimentos e paradigmas virão à tona em diferentes momentos e de formas diferentes durante a sua nova fase de vida, que é a maternidade.

"Desconstruir" significa que você irá identificar seus pensamentos, entendê-los da melhor maneira possível e dar a eles um novo significado. "Dar um novo significado" significa reconstruir a forma que você reage aos seus pensamentos, sentimentos e paradigmas. Às vezes, você poderá se livrar completamente de alguns medos e emoções debilitantes. Outras vezes, estará ciente deles e aprenderá a não dar tanta importância.

Aqui, eu deixo você com uma peça fundamental da qual todos os seres humanos sentem medo: dor.

Nós crescemos aprendendo que a dor significa que algo está errado. Quando estamos com dor, vamos ao médico ou tomamos remédio para que ela passe.

Dor durante o parto não é sinal de que algo está errado. Pelo contrário. A dificuldade é realmente entender isso e chegarmos ao ponto de confiar na dor quando estamos fazendo um bebê nascer. Nesse momento, é necessário trabalhar com a dor e não contra ela.

Existem dois extremos que o mundo adora nos vender, imagino que por conta do efeito dramático e mitológico: o parto doloroso e o parto sem dor.

Vemos em filmes e séries, lemos em livros, ouvimos amigas e tudo nos diz que o parto é doloroso e pode, potencialmente, matar você e seu bebê. Se você começa o parto com quaisquer traços de medo ou concordância com esse tipo de pensamento, você assinará um tratado para uma experiência desagradável, difícil e dolorosa.

Você também já deve ter ouvido falar sobre parto sem dor. Pessoalmente, eu acho que isso é um mito. O que eu acredito e posso confirmar por experiência é que a mãe tolerou a dor, fez as pazes com ela e se entregou a ela e ao momento.

A mãe do parto sem dor treinou sua mente tão bem e estava se sentindo tão à vontade e apoiada pelo seu ambiente, que ela alcançou um nível de transcendência tão alto a ponto da dor passar a ser irrelevante. Ela adotou, incorporou, assumiu e aceitou a dor. Ela viu a dor como um sinal de que seu bebê estava mais próximo dela. A cada dor, a cada respiração, ela sentiu alívio, sentiu uma satisfação, uma bênção, um contentamento e, por que não dizer, um bem-estar. Ela só pode chegar a esse nível com o poder da própria mente e o apoio de quem e o que está à sua volta. Ela se sentiu segura e no **controle de sua mente**. Veja bem, ela não se sentiu nem almejou ter controle do parto, ela não tentou seguir e conquistar suas expectativas em relação ao parto. O que ela fez foi sentir que estava no comando da sua mente.

Afirmo isso por experiência própria. Eu trouxe o meu terceiro bebê à vida nesse ambiente.

> Não é preciso fazer força agora. Deixe a cabeça ficar nessa posição um pouco, deixe seu corpo se **acostumar** com essa **nova sensação**.
>
> *G*eorgia,
> parteira do RPAH Birth Centre, Sydney

As sábias palavras da doula-parteira, chefe do centro de nascimento do Royal Prince Alfred Hospital em Sydney, são gloriosas. *Deixe seu corpo se acostumar com essa nova sensação.* Uma frase simples como essa pode trazer muita calma e tirar sua mente da zona do medo e da ansiedade (por exemplo: do bebê não estar respirando, de querer abraçar seu bebê, de saber que tudo deu certo, entre outras coisas). Um parto de nove, onze, vinte horas é certo de deixar qualquer mãe exausta, e na fase final, quando o topo da cabeça já é visível, é comum as mães tentarem acelerar. É a famosa cena que vemos nos filmes: uma mãe suando, berrando, empurrando o bebê para fora enquanto está sentada ou deitada na cama. Essa frase lembra que não há pressa, que o seu corpo deve se ajustar, que precisa se acostumar com essa nova sensação da cabeça pressionando a pelve. Uma frase como essa pode levar a mãe de volta ao estado de transcendência que estava antes.

Quantas vezes daremos à luz a uma vida? Uma, duas, três? Poucas pessoas têm mais de dois filhos, então é importante viver esse momento da Deusa, daquela que dá vida. É gratificante sentir o seu bebê ali, nesse momento que dura tão pouco em comparação a todos os outros momentos que virão. O tempo do relógio não importa, não é preciso saber quanto tempo mais o seu parto irá demorar. Entregue-se à sensação daquele instante. Use o tempo da sua respiração. Quando menos se espera, o bebê avança mais um pouco e, logo mais, você o segurará em seus braços. Veja o quão importante é estar num lugar cercada de apoio: pessoas que não vão te julgar, acelerar e pressionar para que tudo acabe logo.

Resumindo: ler sobre dor, identificar e conversar sobre seus medos é fundamental para quebrá-los, desconstruí-los e construir um novo paradigma que fará com que você tenha tanto controle da sua mente que você não sucumbirá aos imprevistos da gravidez e do parto. Lembre-se, haverá imprevistos. Sempre.

Uma forma muito eficiente de reduzir a dor é através de uma respiração controlada, ativa, engajada e consciente. Aprender a perceber como sua respiração muda durante o dia dependendo de como você se sente e do tipo de atividade que está fazendo é o primeiro passo para uma boa respiração e o controle dela. Então, aqui está um pequeno exercício para você: **perceba sua respiração**.

Preste atenção se está respirando pelo seu nariz, pela boca ou pelos dois. Sua respiração é curta e rápida ou longa e lenta? Apenas observe, sem pensar se você está respirando certo ou errado, se é boa ou ruim. Perceba durante suas atividades mais normais, como cozinhar, dirigir, andar, fazer compras, ir ao trabalho, durante os exercícios, durante uma reunião, enquanto come, tomando banho e por aí adiante. Se você ainda não leu muito sobre a importância da respiração, por favor, leia. Vale relembrar que existem fontes gratuitas ou baratas, como bibliotecas, amigos, enfermeiras, parteiras, doulas e conteúdo online – contanto que sejam confiáveis e **que seu profissional de saúde aprove** essas fontes e exercícios.

A segunda etapa para aprender a controlar sua respiração é treinar. Você pode treinar durante suas atividades costumeiras. De fato, é a melhor maneira de começar, pois além de você aprender a respirar, irá trazer sua consciência para o momento presente, uma habilidade essencial durante o parto.

É muito mais fácil ser você mesma e ter uma mente positiva quando o ambiente à sua volta é acolhedor e solidário. Para que isso aconteça, o seu envoltório, desde durante a gravidez, precisa estar alinhado com seus pensamentos, necessidades e objetivos. Eu sugiro que esse trabalho de respiração seja feito também por seu(a) parceiro(a) de parto e por quem quer que seja que divida a casa com você. Eu quero dizer todo mundo, inclusive seus filhos, se já os tiver, e outros membros da família que talvez morem ou estejam sempre muito presentes na sua vida.

A dor também vem de palavras, ações e inércia. Pode ser muito difícil para o seu(a) parceiro(a) ver você com dor e não saber o que fazer. Sugiro que conversem sobre o assunto, sobre os medos dele(a), assim como os seus.

Acredite no poder das palavras. Palavras e experiências formam nosso jeito de pensar. Sugiro que você comece as conversas sobre o que você espera dele(a), seus desejos, o que você vem trabalhando e o que você gostaria de ver e ouvir dele(a).

No meu Plano de Parto para o terceiro bebê, havia uma lista com frases e palavras que ninguém tinha a permissão de falar para mim. Nem durante as consultas com a parteira, com a minha médica e muito menos durante o parto. Eu criei essa lista a partir da minha experiência ao ouvir de outras enfermeiras e parteiras frases do tipo "basta respirar" ou "você precisa descansar, você não vai conseguir".

Sou filha de psicóloga clínica e ela me ensinou desde muito pequena que palavras podem nos sentenciar para o sucesso ou o fracasso. Acredite nisso. Pense nisso e comunique-se com as pessoas que estão à sua volta.

Lembre-se de que você não precisa tolerar a dor mais do que consegue. Aceitar seus limites durante o parto é importante, e não há fracasso se você não conseguir suportar a dor no momento e pedir por analgésicos, peridural etc. Estude antes do parto sobre esses procedimentos e liberte-se de expectativas. Sinta-se durante o parto.

Existe um exercício muito interessante que algumas doulas fazem para treinar o "suportar" a dor: pegue uma toalha, um pote com cubos de gelo e um marcador de tempo – o ideal é ter alguém marcando o tempo para você. Marque um minuto no relógio a partir do momento em que você segurar o gelo. Apenas um minuto, ou cinco respirações profundas. Faça isso algumas vezes, contanto que você não queime sua mão – segurança em primeiro lugar –, e perceba o que acontece com você. Seu corpo se contorce? Você pensa que quer logo acabar com aquilo? O que vem à tona? Faça o exercício com seu(a) parceiro(a) de parto. Muitas coisas boas e ruins podem surgir. As boas irão fazer você ficar confiante, enquanto as ruins te deixarão insegura. Trabalhe nelas, aceite o que passou pela sua cabeça, faça o exercício alguns dias ou meses depois. Faça algumas vezes a partir da 37ª semana de gestação.

3.3 Construir ou reconstruir

Agora que você já se despiu, expôs – para si e/ou para outros – seus medos, ansiedades, ambições, anseios, expectativas e muito mais, você está pronta para entender quais são os seus limites. É hora de você **construir** uma nova pintura, um novo quadro para si que seja mais positivo.

No âmbito do parto, como dito no item anterior, é importante ter uma lista de palavras e frases que você não quer que ninguém fale perto de você – e cuidado para você mesma não as dizer para si própria. Igualmente importante é cultivar sons, palavras e frases que você gostaria de ouvir e nas quais você deve acreditar sempre que as disser para si mesma.

Um exemplo: você pode proibir que digam a palavra "contrações". Eu pedi para substituírem por "ondas". Ao dizer para mim mesma ou ouvir de outra pessoa a palavra "onda", imediatamente a imagem do mar vinha à minha mente e a sensação de fluidez tomava conta. Havia um poder em saber que aquela sensação era temporária e rápida. Contração significa o oposto de fluidez: contrai o corpo, e estar presa, dura e contraída é péssimo durante o parto. É como remar contra a maré.

Outro exemplo: treine para dizer que suas ondas estão ficando mais intensas, ao invés de associar muito as palavras "forte" ou "doendo" a elas.

Eu sugiro que você faça algumas leituras básicas em neurociência e psicologia. Existem muitas evidências científicas que podem ajudar a entender a importância de palavras que você ouve e o que você diz para si mesma.

Notas, planos, contatos, desenhos e pensamentos:

_____
_____
_____
_____
_____
_____
_____

ESPÍRITO

Sem nenhuma agenda religiosa, eu gostaria que você pensasse no seu espírito como algo maior do que seu próprio corpo. É na sua alma onde seus sentimentos vivem, onde seus pensamentos se formam e vão.

Você não precisa mudar ou repensar suas crenças religiosas para imaginar e conceber você mesma e sua alma como um portal para a vida. Você gerou e cuidou dessa vida dentro de você e irá trazê-la para esse mundo em que vivemos. Você agora é responsável por um ser humano, e o jeito como você cria e nutre essa criança terá um impacto direto em como ele(a) irá tratar as pessoas e a natureza. Você é a base da autoconfiança e percepção de si próprio desse ser, dessa vida. Lembre-se disso. O que você faz – e não faz – importa para várias gerações, mesmo que ninguém atribua esse valor de forma concreta a você.

É importante alinhar sua energia a esse aspecto de que o seu corpo é o criador desse novo ser. Você é a criadora deste novo ser humano. O parto é um momento único, onde você faz uma passagem.

Eu gostaria que você fizesse leituras sobre ciclos de energia no corpo, sobre como outras culturas veem e percebem o trabalho de parto e o papel da mãe nas suas sociedades. Aceite e admire seu papel de criadora. Você é a luz, você é a fonte de amor. Você e seu bebê estarão para sempre conectados.

Quando você se percebe como criadora, você se conecta com a natureza. Você chega a um ponto de se sentir parte dela a um nível celular, como se não houvesse separação entre você e uma árvore ou o mar.

Nós vivemos num mundo muito esterilizado, onde aprendemos a ser limpas, educadas e civilizadas. O trabalho de parto é tudo, menos essas coisas. As horas do parto são momentos em que você se conecta com as forças mais cruas, instintivas e puras da natureza feminina humana.

Não haverá nenhum outro momento em que você será mais a essência de uma mulher do que durante a gravidez, principalmente durante o parto. A gravidez é um pouco passiva, mas o parto demanda a sua força total.

Quando você entender isso, ficará confortável com seu corpo, com os sons que você pode e deve emanar durante o parto. Os sons animalescos: rugir como um tigre, uivar como um lobo, zumbir como uma abelha. Você não terá vergonha de nada relacionado ao seu corpo. Você irá se entregar a essas forças que estão em você, e o seu ego desaparecerá. Você se sentirá sublime. E a dor? Ela estará lá, mas você irá aceitá-la como parte de um processo lindo de ser a criadora da vida, a provedora de uma vida nutrida de amor e conexão. Como dito antes, a dor será ínfima nesse processo e de muito menos importância.

Seria incrível ter o(a) seu(a) parceiro(a) embarcando com você nessa experiência, mas se ele(a) não se sentir confortável, não force. Isso não significa que ele(a) não te ama ou não te respeita. Simplesmente é uma limitação, é um desejo que não compartilha com você. A comunicação será fundamental para que vocês permaneçam conectados, ambos direcionando forças para a magia que é você. Então, contanto que você se sinta amparada e valorizada, não há porquê levar seu(a) parceiro(a) na mesma jornada que a sua contra a vontade dele(a). Tente entender e se cercar de uma irmã, amiga ou doula que possa ser sua parceira de parto. Alguém que divida essa mesma energia com você. Lembre-se, cada um de nós tem suas próprias limitações e seu tempo de processá-las.

Notas, planos, contatos, desenhos e pensamentos:

_____
_____
_____
_____
_____
_____
_____

BOA SORTE

Aqui vai uma cena típica: você está no chuveiro e as suas ondas estão cada vez mais próximas uma das outras. A parteira/enfermeira/médica chega até você e diz que deve se deitar na cama, porque ela percebe que o bebê está quase querendo sair e está na hora de fazer força, pois chegou a hora do expulsivo (esse termo também não é nada bom, não é mesmo? Tem outra palavra que você pode usar nessa etapa?). Você pensa "eu estou bem aqui, por que eu devo ir me deitar? Meu bebê pode nascer enquanto estou em pé."

O que acontece agora depende do quanto você está informada e o quanto sua mente está treinada para ser segura em suas respostas, sabendo que não está colocando o bebê nem você em perigo: você está segura em dizer "não".

A *você* bem-preparada irá esperar a sua onda acabar e dirá para a parteira: "tudo bem, o bebê virá no chuveiro" ou "eu posso ligar a banheira agora e ele virá assim, num parto na água."

A *você* não muito bem treinada irá responder imediatamente – independentemente de estar no meio de uma onda ou não – e irá dizer "ah, ok" e irá para a cama, apesar de sentir que deveria ter continuado embaixo do chuveiro em pé, de cócoras ou na banheira.

A preparação para o parto resulta, no mínimo, nisso: na habilidade de tomar decisões com a confiança de que você está tomando a melhor que pode para aquele momento. Você estará apta a não se culpar por suas decisões, posteriormente.

Sem mais delongas, pessoalmente, eu acho que a maior lição que você pode levar pra casa quando se trata de entrar na jornada da gravidez e maternidade, é que você sempre deve procurar estar bem-informada por fontes respeitáveis e entender que tudo está em constante transformação. Nada é estático, nem uma árvore centenária, pois o perder e ganhar folhas conforme os dias se passam nos lembram que tudo é cíclico e passageiro. Lembre-se de que sua própria pele está constantemente sendo renovada, seu cabelo caindo, e assim por diante.

Como tudo na vida, estar informada é essencial para tomar decisões. Igualmente importante é ter uma generosa dose de boa sorte, pois quando se fala de vida e parto – no nosso caso específico deste livreto-, há inúmeros fatores incontroláveis. Você não pode decidir o sexo do bebê, nem seu desenvolvimento, nem a posição dele antes de nascer. Mesmo fazendo uma cesárea eletiva, é capaz de alguma imprevisibilidade mudar a meticulosa data de nascimento que você escolheu para o seu bebê, como o obstetra se atrasar numa outra cirurgia, por exemplo.

Aceite que você não tem controle sobre a vida, a morte e condições médicas imprevisíveis que podem aparecer durante a gravidez, o parto e para além dele. O que você pode controlar é o quão preparada você está para tomar decisões e como lidar com os sentimentos de culpa e fracasso, visto que uma certeza sempre teremos: imprevistos sempre vão acontecer. Como você vai lidar com eles de modo a transitá-los serenamente?

No final desta publicação, deixei folhas para que você use como quiser.

Aqui vai o meu desejo de um parto empoderado, abençoado e lindo para você, seu bebê e seu(a) parceiro(a), se você tiver um(a). Que o seu bebê seja trazido a esse mundo em um ambiente seguro e encantado. Que você saiba que esse espaço é você e tudo que a cerca.

Com todo o *amor* que eu posso mandar para todas as mães grávidas desse mundo,

Maíra

Agradecimentos

Obrigada à minha mãe e às mulheres incríveis que me incentivaram e me pediram para colocar minha experiência para o mundo.

Notas, planos, contatos, desenhos e pensamentos:

_____

_____

_____

_____

_____

_____

_____

www.ingramcontent.com/pod-product-compliance
Lightning Source LLC
Chambersburg PA
CBHW041500010526
44107CB00044B/1518